AF336108

LA

COQVETTE

VANGEE.

MA Niepce, difoit Eleonore à Philimene, quand vous ferez à Paris, ne faites point amitié ny conuerfation auec toute forte d'Hommes ; Il y a bien du choix à faire parmy eux : Mais fur tout éuitez les Philofophes. Voila vn mot que vous n'entendez pas, ie le vois bien ; vn peu de patience, vous allez bien-toft fçauoir ce que c'eft. Quand

Dorilas voſtre Frere
alloit au Collége, vous
auez veu ſouuent diſ-
ner chez vous vn cer-
tain Homme qui fai-
ſoit tant de reuerences
& tant de geſtes en en-
trant, qui rioit au nez à
tout le monde, qui par-
loit toute ſorte de Lan-
gues hormis la noſtre,
qui auoit toûjours les
cheueux mal peignez,
la barbe ſale, & le col-
let entr'ouuert, toû-
jours crotté, toû jours

la Soutane graſſe & le
long Manteau déchiré:
Ne vous ſouuient-il pas
d'vn éclat de rire qui
vous prit à table vn
iour, quand il diſoit au
Laquais qui luy don-
noit à boire qu'il ſe
couurit , autrement
qu'il n'accepteroit ia-
mais le Verre de ſa
main, auec des compli-
mens ſi longs & ſi opi-
niâtres, qu'il ſut mort
de ſoif, ſi voſtre Pere
n'euſt eu pitié de luy.

A v

Vous le connoiſſez, c'eſtoit le Maiſtre qui enſeignoit la Philoſophie à Dorilas, c'eſtoit vn Philoſophe, mais il n'eſtoit pas de ceux dont ie vous veux parler.

Vous auez encor oüi parler cent fois d'vn certain Abbé qui eſt dans noſtre voiſinage, dont la vie eſt toute retirée, qui ne ſonge qu'à luy, qui ne veut point faire d'Amis de

peur de s'engager à
estre le leur, qui se ca-
che au grand monde
pour en éuiter l'embar-
ras, qui fuit les com-
pagnies comme autant
d'occasions d'intrigues
& de soucis, qui n'aime
que ses Liures & ses
Chiens & encor plus
ses Chiens que ses Li-
ures; & autant de fois
que nous en auons par-
lé. vous nous auez toû-
jours oüi dire que c'es-
toit vn Philosophe. Ce

n'eſt point encor là ce
que i'entens.

Il y a d'autres Philo-
ſophes qui aiment la
compagnie, mais celle
de leurs ſemblables, où
ils ont leurs coudées
franches & la liberté
entiere de tout dire &
de tout faire, des Phi-
loſophes goinfres qui
courent le Cabaret, qui
yurognent ſans ceſſe,
parce qu'ils diſentqu'ils
n'ont iamais tant de
plaiſir que quand ils

ont noyé ou endormy
leur raiſon , qui leur
jouë cent mauuais
tours quand elle veille,
qui les contraint de fai-
re cent reflexions fâ-
cheuſes, & qu'ils appel-
lent l'ennemie capitale
de leur repos. Ces
Philoſophes-là portent
leur reproche auec
eux.

Quand ie dis donc
que vous deuez éuiter
les Philoſophes, ie n'en-
tens point parler ny

d'vn Docteur, ny d'vn
Solitaire, ny d'vn Li-
bertin dont la profes-
sion est ouuerte & de-
clarée. I'entens cer-
tains Pedans déguisez,
Pedans de robe courte,
des Philosophes de
Chambre qui ont le
teint vn peu plus frais
que les autres parce
qu'ils se nourrissent à
l'ombre & qu'ils ne
s'exposent iamais à la
poussiere & au Soleil,
des Philosophes de

ruelles qui dogmati-
ſent dans des Fauteuils,
des Philoſophes galans
qui raiſonnent ſans
ceſſe ſur l'Amour, &
qui n'ont rien de rai-
ſonnable pour ſe faire
aimer. Vous ne ſçau-
riez croire combien
ces gens-là ſont incom-
modes.

Au commencement
que i'eſtois à Paris en-
cor toute pleine de l'air
de nos Prouinces, lors
que le premier venu

m'eſtoit bon , pourueu
qu'il me dît quelque
choſe ; Ie fis connoiſ-
ſance auec vn de ces
gens-là. Il vint par ha-
zard dans vne Maiſon
où i'eſtois enviſite auec
vne de mes Couſines.
Il eſtoit habillé fort
vniement, il n'auoit ny
ruban ny dentelle, il
ne meſouuient pas meſ-
me s'il auoit des glands.
Son Chapeau eſtoit vn
peu luſtré auec vn petit
creſpe , ſon bas de ſoye

ne faisoit pas le moin-
dre plis, le manteau sur
ses deux espaules, le
pourpoint fermé , la
petite manchette au
bout, le Gand de Gre-
noble à la main, il n'y
auoit rien de superflu.
Vn clin d'œil, vn souris,
vn petit mouuement
de teste , supléoient
à toutes ces reuerences
estudiées qui ne sont
bonnes à rien. Le Fils
de la Maison luy fit
grand accueil. Voila

mon Fils qui est raui de vous voir, luy dit sa Mere, c'est Monsieur tel, dit-elle à toute la compagnie, & dans la compagnie il y auoit force Dames. Ie ne vis pas qu'elles s'en émeurent beaucoup. Ie crûs que le sujet de l'entretien qu'il auoit interrompu par son arriuée les attachoit si fort qu'elles ne penserent point à luy faire compliment. Son nom ne

m'eſtoit pas inconnu,
des jeunes gens qui re-
uenoient de Paris m'en
auoient parlé dans la
Prouince. Il prit vn
ſiege aupres de moy.
On continua l'entre-
tien d'vn certain Ma-
riage qui s'eſtoit fait à
la Cour. Ny luy ny
moy ne diſions pas vn
mot; moy, parce que
ie n'en ſçauois rien;
luy, parce que le ſujet
ne luy plaiſoit pas. Il
s'imagina que la meſ-

me raiſon nous faiſoit
taire tous deux. Apres
auoir attendu quelque
temps : Nous ne ſom-
mes ny vous ny moy,
me dit-il tout bas, du
grand entretien, nous
en pouuons faire vn ſe-
cond entre nous ſans
troubler le leur, auſſi
bien elles parlent ſi
haut qu'elles s'étour-
diſſent elles - meſmes,
& par conſequent il eſt
impoſſibledans le bruit
qu'elles font, qu'elles

nous entendent. Ie luy répondis. Il me dit encor quelqu'autre chose, ie luy fis aussi quelqu'autre réponse; mais i'affectois toûjours de mettre dans ce que ie disois quelque pointe & quelque mot extraordinaire. Il me reconnut Prouinciale: Il me fit alors cent questions sur mon Païs, sur ma naissance, sur mon nom, sur ma demeure, sur les Liures

que ie lifois. Que ne
dît-il point contre Bal-
fac, Voiture, & tous
les faiseurs de Lettres,
de Comedies & de Ro-
mans? On abandonne
lâchement la connoif-
fance des chofes folides
pour s'attacher aux
mots! Il me tint vn
grand difcours là def-
fus auec tant de cha-
leur, que fouuent il en
roidiffoit le bras &
fermoit le poing.
Trouuez bon, me dit-il

à la fin, que i'aye l'hon-
neur de vous aller voir,
& vous en sçaurez plus
en vn mois que tous ces
conteurs de bagatelles
ne pourroient vous en
apprendre en toute
voſtre vie. Il n'y aura
point de grand ſujet,
dont vous ne puiſſiez
parler ſur le champ;
d'vne ligne que ie vous
diray, vous pourez ti-
rer mille concluſions
& former mille diſ-
cours.

Il me vint voir quel-
que temps apres com-
me il m'auoit promis.
I'acheptay certains Li-
ures qu'on appelle des
Tables. Il me les ex-
pliquoit toutes les fois
qu'il venoit au logis.
C'estoit toute mon oc-
cupation, ie negligeois
toute autre chose. Ses
visites & mon estude
durerent vn an & quel-
ques mois , i'auois du
loisir, ie ne connoissois
pas encore le grand
monde

monde ; mais enfin ie
fus obligée de receuoir
tant de visites tous les
iours & à tous mo-
mens, que ie ne pou-
uois plus le voir qu'en
compagnie.

Il entra dans ma
chambre vn iour que
Polixene y estoit auec
Philidor son frere, qui
est vn Gentil-homme
aussi adroit & aussi spi-
rituel que i'en con-
noisse. Monsieur, luy
dit Philidor, vous estes

venu bien à propos,
vous auez appris tant
de Philosophie à Eleo-
nore, qu'elle nous fait
enrager. Ie luy disois
qu'vn amour constant
estoit la plus belle de
toutes les vertus, elle
m'a répondu fierement
que ie confondois les
Vertus auec les Pas-
sions, que l'Amour
estoit vne Passion &
non pas vne Vertu, &
qu'vne Passion ne de-
uient pas Vertu par sa

durée, mais seulement vne plus longue Passion. Elle m'a dit cent choses de la mesme force, ie suis à bout, ie vous demande secours. Comment vous pourrois-je secourir, répondit-il à Philidor, Eleonore a toutes mes forces de son costé. Elle vous a découuert la source d'vne erreur qui est commune parmy les hommes de prendre pour vne Passion

ce qui est souuent ou
vne Vertu, ou vn Vice,
faute de sçauoir la na-
ture & le nombre des
Passions.   Tout cela,
adjousta-il, est expliqué
en deux Tables. Il prit
le Liure qui estoit sur
vn Gueridon, & ayant
cherché la Table des
Passions il la donna à
lire à Philidor. Com-
ment, dit Philidor, est-
ce là tout ce qu'on peut
dire des Passions, de
tous ces mouuemens

impetueux qui nous a-
gitent dans la vie ? cer-
tainement voila vne
grande mer renfermée
dans vn espace bien
estroit. Vous trauail-
lez admirablement en
petit. Quoy? il n'y a
qu'vne ligne pour l'A-
mour? Voila vne Di-
uinité bien serrée. Si
c'est assez d'vne ligne
pour fournir à tous les
Amans, il faut qu'elle
soit bien longue. Qui
veut deuenir sçauant

auec cela a besoin d'vn
grand naturel. *L'A-*
mour est vne inclina-
tion de l'appetit au bien
sensible consideré abso-
lument. I'en seray bien
plus galant quand ie
sçauray cela ! j'auray
bien plus dequoy me
faire aimer ! j'en auray
de bien plus belles
idées pour remplir la
conuersation ? Il n'y a
rien de si beau ny de si
plein que l'Amour, &
cependant ce Liure

nous en fait vn sque-
lette tout sec sans em-
bonpoinct & sans cou-
leur. Si toute la Philo-
sophie de cét homme-
là est de mesme, sça-
uez-vous ce que i'en
pense ; c'est vne Reyne
bien pauure & bien
maigre, dont les Ta-
bles sont bien mal ser-
uies.

Mon Philosophe
vouloit s'échauffer
contre Philidor, mais
pour finir le sujet d'vn

entretien qui alloit s'ai-
grir, ie pris mon Luth,
ie touchay quelques
Sarabandes. Philidor
auec son dégagement
ordinaire lesdansa tou-
tes. Nous parlâmes
en suite de la danse. Ie
croyois auoir osté par
ce moyen toute occa-
sion de dispute, quand
Philidor par vne belle
malice s'auisa de me
demander si dans mon
Liure il n'y auoit pas
vne Table de la danse.

Monsieur, dit Polixene au Philosophe, il faut que vous en fassiez vne pour l'amour de moy. Cela est fort aisé, dit Philidor, ie luy en sauneray la peine. Ie mettray premierement quelques Propositions generales pour montrer la necessité ou l'vtilité de la danse. I'en feray apres la définition. *La Danse est vn mouuement mesuré du corps au son de la voix*

ou de l'*instrument.*
Elle est ou *simple* ou *fi-*
gurée, ou *par bas,* ou
par haut. En suite i'en
remarqueray les diffe-
rences, les Sarabandes,
les Branles , les Cou-
rantes, les Balets. I'en
distingueray les pas . le
pas coulé , le graué, le
couppé , l'entrechat.
Adieu les Maistres à
danser quand ma Ta-
ble sera faite , quicon-
que la lira sera vn ha-
bile Sauteur.

Polixene se mit à
rire de tout son cœur.
Mon Philosophe sortit
de dépit. Ie courus a-
pres luy. Ie luy fis des
excuses dans mon anti-
chambre le mieux que
ie pûs. Il me dit que
tout cela ne le cho-
quoit point, que Phili-
dor estoit vn jeune
homme sorty fraische-
ment de l'Academie,
qui vouloit s'égayer,
qu'il estoit bien trom-
pé si sa Sœur n'estoit

B vj

vne franche Coquette, qu'il voyoit bien qu'il ne pourroit plus me gouuerner à l'aduenir, qu'il me fupplioit de l'en difpenfer, qu'il m'enuoyeroit en fa place vn de fes Amis, qui fçauoit fa methode auffi bien que luy. Ie luy fis mille remercimens des bontez qu'il auoit pour moy. Nous nous feparâmes. Voicy le commencement d'vne Hiftoire bien plus plaifante.

Mon Philoſophe en-
cor qu'il ne parla que
par Tables, par défini-
tions & diuiſions eſtoit
pourtant commode en
vn poinct, qu'il eſtoit
content pourueu qu'on
l'écouta, & n'exigeoit
rien autre choſe, ny de
moy ny des femmes
qu'il voyoit qu'vn peu
d'attention qui eſtoit
biendeuë à ſesdiſcours.

Ce n'eſtoit point là
l'humeur de ſon Amy,
que Philidor appelloit

son Preuoſt de Salle. Il
faiſoit le galant. Il
vouloit perſuader l`a-
mour dont il parloit.
Il ſoupiroit quelque-
fois. Il chantoit meſ-
me des airs dont il ſe
diſoit l'Autheur auſſi
bien que des paroles.
Il eſtoit jaloux genera-
lement de tous les
hommes. Il cenſuroit
tout ce qu'ils diſoient,
Il n'en trouuoit pas-vn
qui raiſonna à ſon gré.
Ils eſtoient tous ou des

ignorans ou des estour-
dis. Nostre sexe mes-
me qui est sacré & in-
uiolable parmy les
honnestes gens, n'estoit
point pour luy plus pri-
uilegié que tout le
reste. Il s'érigeoit en
censeur de toutes les
Beautez, il se mesloit
de juger du caractere
& du tour d'esprit que
chacune auoit, auec vne
présomption si grande,
qu'il sembloit à l'en-
tendre que nous n'eus-

fions de grace , que ce
qui luy plaifoit de nous
en diftribuer.

Cela attira fur luy
vne conjuration vni-
uerfelle de toutes les
femmes & de tous les
hommes qui venoient
chez moy. On ne m'en
dit rien , parce qu'on
fçauoit bien que i'euffe
eu pitié de luy , & que
i'euffe rendu le com-
plot inutile en le dé-
couurant.

Comme ils épioient

sans cesse quand il me viendroit voir, il leur fut aisé de le surprendre dans ma chambre. Ils y arriuerent tous en vn moment. Iamais assemblée ne fut plus grande. Tout le monde luy fit d'abord cent ciuilitez. I'en estois estonnée. L'incomparable, l'inimitable, le plus galant, le plus spirituel, le plus propre à tout, le plus poly de tous les hommes. Il

ne se reconnoissoit
pas. On le pria de faire
vn petit discours, il ex-
pliqua les huit Beatitu-
des. On s'écrioit de
temps en temps, sans
mentir cela est admira-
ble. On le pria de chan-
ter, & bien qu'il le fit
auec des efforts ef-
froyables, des convul-
sions & des contor-
sions de Possedé; bien
que sa voix fut aussi pi-
toyable & lugubre,
que son visage est ba-

zanné & mélācolique.
On difoit tout haut
qu'on n'auoit plus be-
foin de Lambert ny de
fa Sœur. C'eſtoit des
applaudiſſemens per-
petuels. Polixene luy
montra vn billet doux
qu'elle auoit receu, il
ne voulut pas feule-
ment le lire. C'eſtoient
des bagatelles qui ne
pouuoient amufer que
des efprits mal faits.
Chacun luy dit qu'il a-
uoit bien raifon, & que

l'homme estoit né pour
des choses plus gran-
des. Iamais homme ne
fut plus satisfait ny plus
content de luy-mesme.
Et parce que c'estoit
Polixene qui le caref-
foit le plus, cela luy
donna la hardiesse de
venir aupres d'elle, &
de luy dire quelques
douceurs. Elle les rece-
uoit auec vn tel tépera-
ment, qu'elle l'embar-
quoit toûjours de plus
en plus : il luy prenoit

mesme la main, il lui touchoit le bras, feignant de luy vouloir dire vn mot à l'oreille, il la baisa. Alors Polixene lui appuya vn grand soufflet.

C'estoit le signal des conjurez. Chacun se rua sur luy. L'vn luy connoit vne nazarde; voila pour le Philoso-phe amoureux. L'autre ce grands coups d'é-pingles; voila pour le Musicien amoureux, l'autre de grãds coups

de Busque sur les Oreil-
les; voila pour le Poëte
Amoureux. Ie fis ce
que ie pûs pour secou-
rir sa Philosophie, sa
Musique, & sa Poë-
sie attaquées de toutes
parts, & tout ce que ie
pûs fut de le tirer de la
presse, & de luy ouurir
la porte pour s'enfuir.

Il crioit de toute sa
force en s'en allant,
Coquettes, *Coquettes*,
ie sçauray bien me van-
ger; & on m'a dit qu'e-
stant mort ou de ses

bleſſures, ou de deſeſ-
poir, on a trouué par-
mi ſes papiers, vne
grande Inuectiue con-
tre les femmes, ſous le
nom d'Ariſtandre, que
ſes heritiers ont fait im-
primer à leurs deſpens.

I'eſtois aſſez fâchée
que ce malheur luy
eſtoit arriué chez moy,
mais ie m'en dois accu-
ſer moy-meſme d'a-
uoir eſté ſi facile que de
donner accez chez moi
à des Philoſophes, c'eſt
à dire à des gens qui

portent la cenſure, la médiſance & le deſor-
dre dans les plus belles,
les plus douces & les
plus agreables compa-
gnies. Ma Niepce,
ſoyez ſage par mon
exemple, & donnez-
vous en de garde.

Ainſi parloit Eleo-
nore à Philimene, qui
en entendoit vne partie
& deuinoit le reſte.

F I N.

Errata.

En la Page 36. au lieu de ces mots,
vn de ſes Amis, liſez *vn de ſes an-
ciens Eſcoliers*.